Piel adentro

Tránsito de Fuego
Colección de poesía
Homenaje a Eunice Odio

Homage to Eunice Odio
Poetry Collection
Fire's Journey

Roberto Cartín

PIEL ADENTRO

Nueva York Poetry Press LLC.
128 Madison Avenue, Suite 2RN
New York, NY 10016, USA
+1(929)354-7778
nuevayork.poetrypress@gmail.com
www.nuevayorkpoetrypress.com

Turrialba Literaria
Special Edition
www.turrialbaliteraria.org

Piel adentro
© 2024 Roberto Cartín

ISBN-13: 978-1-958001-37-0

© Blurb:
Marisa Russo

© FIRE JOURNEY COLLECTION vol. 23
Homage to Eunice Odio
Central American and Mexican Poetry

© Publisher/Editor-in-Chief
Marisa Russo

©Editor:
Luis Rodríguez Romero

© Cover Designer:
William Velásquez Vásquez

© Layout Designer:
Agustina Andrade

© Author Photographer:
Luis Rodríguez Romero

© Cover Artist:
Jaime Vásquez

Cartín, Roberto
Piel adentro / Roberto Cartín. 1st. edition. New York: Nueva York Poetry Press, 2023, 136pg. 5.25 x 8 inches.

1. Costa Rican Poetry 2. Central American Poetry. 3. Latin American

All rights reserved. No part of this publication may be reproduced, distributed, or transmitted in any form or by any means, including photocopying, recording, or other electronic or mechanical methods, without the prior written permission of the publisher, except in the case of brief quotations embodied in critical reviews and certain other non-commercial uses permitted by copyright law. For permissions contact the publisher at: nuevayork.poetrypress@gmail.com.

A Walter Coto Molina

*Agradecimientos
a Roberto Barahona Camacho
y
a mi esposa
Deykel Jimena Vargas Pereira.*

I
Grafitis vivos

Coexisto

Hoy sobrevivo
a lo ancho de este tiempo
mal oliente y putrefacto.
Esporas maliciosas
brotan de pupilas pardas.
Astros errantes
presagian hecatombes.
La maldad pulula
los intersticios del espacio.
Día a día
de las manos cuelgan
muslos flácidos,
de las cosas
tantos dedos,
como veces haya
acariciado el tacto.
Coexisto en este siglo impávido,
donde el invento
ha suplantado la razón
y la esquizofrenia al amor.

VERSOS IRRECONCILIABLES

Me acuesto con un
Neruda al lado,
una hoja en blanco
y un lapicero,
por si acaso
escribo versos a
temperatura ambiente.
Garabateo a oscuras.
La línea se retuerce
sin llegar a poema.
A veces los versos
cae sobre otros,
juegan al escondite,
embadurnados de sombras,
y la hoja se llena de lianas
donde se descuelga el alma.
Sueño que viajo
de selva en selva
entre David Livingstone
y Tarzán de los monos.
La noche se parte en dos mitades:
una para versos irreconciliables,
la otra para reconciliarme con el sueño.

TORTURA PLANETARIA

La angustia cabecea
a sobresaltos,
sufre pesadillas contemporáneas,
oye voces de corto aliento
y respira gracias
a la mascarilla recetada.

¿Por qué seleccionar la asfixia
como tortura planetaria,
si tú y yo tenemos derecho
a una atmósfera sin agujeros
ni plomo a la deriva?

Con razón la angustia
se vuelve fardo pesado
cuanto más asfixia
nuestro ánimo.

CONTRACORRIENTE

Se es poeta a solas
con la carga de explosivos
en un ventrículo
y en el otro un ramillete
de lirios blancos.
Medita a oscuras
a pesar del sol de su pupila.

A ratos la luna palidece
si su ojo la contempla.

Talvez se canse
de escribir sus soledades,
sus lunáticos lunares.

El poeta nada
de remanso a gradiente,
esquiva fauces insospechadas,
en ruta con los salmones
hasta la cima del río.

Desazón enajenada

Tiré el lápiz.
Anduve de un lado
a otro de la casa,
mientras hilaba
una idea desdentada.
Miré las piedras ancladas
en las plantas,
sentí que su soledad me saludaba.
Luego recosté los codos
sobre la mesa
sostenida por cuatro lágrimas,
y lancé estos versos
entre el ruido del vecino
y el cielo raso cuadriculado.
Después,
un minutero triangular
dejó en la pared
el eco de los años.
Las vigas desnudaron tragaluces.
Mi sombra
sobre repisas en flor,
tragó a adentelladas esta anécdota.

A MEDIO ÁNGEL

No soy tu ángel guardián
      ni en la calle
donde no hay espacio para la contemplación,
      ni en la cama
donde se conjugan maldiciones.
Penitente busco
la lluvia de agosto
cargada de bendiciones.
Soy
          como tú,
          como ellos,
    mitad   ángel,
    mitad   demonio.
Créeme en primer plano
sin discusiones que
no soy
      ni tonto
      ni loco.
Me prefiero
      de puerta en puerta,

con una rama de olivo
        en la pupila
y un lápiz amarillo
        entre dientes.
Sé que dudas de esta propuesta.
recuerda que antes de nacer
        perdemos las alas.

SIGNOS EN LAS MANOS

Quedaron las fibras del borrador
sobre el mantel,
el grafito enredado en tu cuaderno,
la silla a mi lado
y su cómplice silencio,
la mesa compartida
donde se descifran los misterios.
Tal vez tu soledad y la mía
van de la mano sin saberlo
y se hallan, por accidente,
en el poema.
Fue tan breve tu visita,
que casi se me pierde
al día siguiente,
si no fuese por tu mirada
sostenida en mi pupila.

Malas intenciones

Tomo el calendario del año
destinado al basurero.
Me arrepiento.
Uso el reverso de sus hojas
para este poema
malhumorado y madrugón.
Veo su ceño fruncido
y su cara de papa frita.
No es su día ni el mío.
Posiblemente tenemos
malas intenciones.
De su parte no hay nada nuevo.
Siempre fue un antisocial.
En mi caso,
siento un resquemor insolente.
De cualquier lado que le mire,
es libre y puede hacer
lo que le dé la gana.

HUELLAS DE ENGAÑO

Le digo al paso
anda,
blasfema sobre el barro,
lanza contra los rostros
la huella del engaño.
No quiso andar
ni un jeme el paso,
estaba cansado,
habría cambiado su
terrena pisada
por un paso ingrávido,
como el del sueño,
tan liviano como un pájaro.

MUROS DEL ALMA

Hace un instante
tuve el bolígrafo en la mano.
Lo busqué por las dimensiones de la sala.
Se me ha perdido por descuido o ceguera.
Así de fácil se nos puede extraviar la existencia
y caer tan hondo que el vértigo provoque
vómito de vísceras y pecados.

Aún lo busco
para recuperar mi puño y letra,
tantas veces oculto
en el lenguaje del algoritmo
o en el laberinto del poema.

Pero, por aquello de:
"quién quita un quite"
lo encuentre en los muros del alma
donde la letra se escribe con lágrimas
en el blanco virginal de la ingenuidad.

Si alguien lo halla:
disfrútelo y vía corazón
mándeme su paz.

Pared de abril

A la Lcda. Clarita Solano Villalobos

Escribes sobre el geranio de la pared
poemas
       de pan y
       de luciérnagas,
versos a piel de muro
       en misterioso soliloquio;
versos descolgados
       por un sismo bandolero.
Grafitis vivos surcan el cuarto de luz,
juguetean con ramas y troncos
       de un oasis doméstico,
para dialogar con el ojo avizor
       de un espejo.

II

UniVersos

Blanco desmayo

Si vas al mar
mira como extiende
sus brazos
y el agua muere
en el cuenco de tu mano.

Verás el día azul
-es un color
que se escribe despacio-
con su ojo curvo
y su luz en el fondo
de mi alma ojerosa.

Entonces,
las olas harán sangrar
mis labios
sobre la playa amorfa,
para anegar mi vida
y ahogar el canto.

Verás mi ciudad
repicar su geografía

en otros campanarios,
la luna y su blanco desmayo
colgando de un solitario barco
y estos ojos mirándote
del fondo de los años.

A DOS VOCES

Llegaste un jueves de julio
cargada de cercanía
y contratiempo.
Tus ojos encendieron las sombras
de mi zaguán doméstico,
donde de vez en cuando,
algún fantasma trastabilla a deshoras
sobre el encerado de jaspe y cedro.
En un instante
estalló a dos voces un te quiero,
y ese jueves se transformó
en lucero y ese julio en año nuevo.
Después,
el silencio encaminó los pasos
por diferentes derroteros,
y el zaguán recobró su estatura
para vivos y muertos.
y muertos.

DIOS EN EL DESIERTO

A veces Dios se me olvida,
lo dejo colgado
del signo de la cruz
o se me enreda
en una oración trasnochada.
Luego,
cuando el cansancio
es un mal necesario
y la noche se acerca
a la hora del perdón
Dios se exilia en el desierto.

PARA DORMIR TRANQUILOS

Ancha la sala y a solas
como pista de portaviones
después de su última batalla.
Los sillones modelan un redondel
con toros a caballo
y toreros a la deriva.
Las huellas de las pisadas
palidecen las tablillas del encerado.
El cimbre del piso y tabiques
le da aires de monasterio.
Abierta y ceremoniosa,
en el centro de la sala,
una tienda de campaña.
¿Para qué?
Una voz respondió:
Sólo así,
papá y mamá pueden dormir
libres de mosquitos.

VOLUTAS Y CAFÉ

A Johnny Francisco Delgado Jiménez
e.p.d.

Envuelto en tus tardes
de volutas y café
vi que apoyabas la frente
en el borde de la mesa.
El día trastabilló,
punzándote los ojos.
Luego te enderezaste,
mostrando desilusión,
como presintiendo lo fatal
o lo prohibido.
Miré en tus ojos
la lágrima que nunca saltó.
Pueda que en ese instante
comenzaba tu agonía,
y con un "no es nada",
pasabas la página de la duda
a una conversación inconclusa.
Ahora,
donde estés recuerda:
no te di el saludo de despedida.

NUESTRO ABRAZO

A Alexis Cartín Madriz

Me abraza tu angustia
en días de cuaresma
sin marzos
ni abriles,
porque el tiempo no mide
lo fraterno,
pero lo soporta el sentimiento.

Tus visitas envueltas
en el papel regalo de tus lágrimas
no olvidan el hogar materno,
que tejió tu carne
y moldeo tu espíritu.

Hermano,
recuerda que donde estés
tus pasos se encontrarán con los míos
de ida o de regreso,
y nuestro abrazo
siempre será
un saludo de bienvenida.

GUITARRA

A Carlos Alvarado M.

El bolero travesea en las sombras
acordes de la prima a la sexta
y viceversa.
El canto trasnocha
para mantenerme despierto,
dibuja una guitarra
en la elasticidad del recuerdo,
mientras,
en uno de sus hemisferios
un pétalo desangra
la rosa nocturna de su cuerpo.

ÉRASE UN TALVEZ

De repente oí que me llamabas,
entre érase un tal vez
y un no puede ser.
Despacio corrí el ala de la cortina
para verte plantada en media acera.
¡Absurdo!
Me perdí mil metros
a la redonda
con la espera en vilo
envuelta en sugestión y fantasía.
No sé si en tu mente
mi nombre saltó
de un buen a un mal pensamiento.
Esperé a que volvieras
como argumento, eco, nombre.
¡Imposible!
El eco muerde la brisa
y traiciona el sentimiento.

PÁJARO DE INVIERNO

Me gusta el día plomizo
con su carga de inviernos.
La lluvia y sus presagios
de frutos y simientes.
De niño me golpeaba
el oído,
la veía enhebrarse
en el pico de las aves
como polilla o elemento silvestre.
Ahora,
al hacer el inventario
de los recuerdos,
la lluvia cala
la virgen de la cueva,
y el día tiñe de gris
mi pájaro de invierno.

FLORES PARA EL JARDINERO

Las flores al pie del candelabro
se hundieron en el incienso
del responso,
callaron en el ofertorio
para comulgar junto al muerto,
agonizaron en el pretil
del cementerio.

Faltaron flores un cuatro
de mayo
día del luto paterno,
tanto para despertar
la conciencia de los vivos,
como para la resurrección
de los muertos.

SOLO ENTONCES

Hoy la humanidad construye
su muro de los lamentos
con los materiales
de su autodestrucción
y desbocada avanza a la sombra
del último jinete apocalíptico.

Mañana,
despertará la azucena del sol
encendiendo corolas y madrugadas,
desplegando la paz
del fondo de las patrias.
Solo entonces,
el ojo será tan ancho
como su mirada,
su pupila el nacimiento
de un nuevo astro.

DE UN SOLO TAJO

Quiero respirar la tarde.
No compartirla con nadie
ni con el que barre la calle
ni para el niño que juega
en la acera.

Quiero llevarme la tarde
de un solo tajo
para quitarle al día
su mejor parte.

SE PUEDE ESCRIBIR AMANDO,
el barro que modela
la huella presurosa de los pasos,
el roce del beso no creado,
la mirada que el alma
desliza de soslayo,
las manos que palpan
el ansia de cuerpos entrelazados,
la voz en las entrañas de la palabra.

No se puede escribir
empuñando el odio y la venganza,
se escribe cuando el sollozo
hace vibrar la lágrima.

UniVerso

*También lo absurdo tiene
sus elementos sorpresa.*

Arrincono astros no creados,
la sombra de sus
magmas despoblados,
cosmos imposibles
en el tiempo elástico
de las eternidades,
el cántaro del espacio
con su halo elíptico
y helado,
cuando el universo
cabe en mi mano.

III

Piel adentro

PUPILA INVERSA

> *Mi alma y yo fuimos a bañarnos al mar.*
> GIBRAM KHALIL G.

Debo restregarme los ojos,
tenderlos a flor de mar
sobre el beso de la espuma
donde los océanos copulan.

Ahí,
donde la geografía revienta
en diásporas perfectas,
mis ojos lavarán su savia añeja
y absorberán la luz viva
donde se baña el planeta.
Después de secarlos
y comprobar que no destiñen
sus esferas,
los pondré en sus antiguas cuencas
con la pupila inversa.

LA HEBILLA DE TU PIE

Mírame
tras el claroscuro
de tus lágrimas
un día y otro de mayo
insolente y revestido de nubes.

Golpéame con la puntera
los lunares malditos,
hasta que sangre mi piel desteñida.

Llévame en la hebilla de tu pie,
para escuchar las pisadas del mundo
y su correcorre frenético
hacía el punto de partida.

Dame un lugar
en el laberinto de tus pasos,
para entender mi vida
y compartir tus lágrimas.

MUJER COTIDIANA

> *Todo el azul es tuyo.*
> VICENTE ALEIXANDRE

Tú andas y desandas el estrecho
surco de la lágrima,
los jardines colgantes
en la pupila de los niños,
la magia del ensueño
sobre esteras y tablas.

Mujer,
bebe del mar su fuerza milenaria,
de la curvatura del cielo
notas astrales para tu alma.

Mujer cotidiana,
te miro plantando luceros
en el borde del alba,
para que Dios despierte
cada mañana.

MODELO

Hay tanto amor
en su paso,
su palabra
en su mirada,
que no cabe
en otro paso,
en otra palabra
ni en otra mirada.

Sueño marinero

> *La infancia es el sueño de la razón.*
> Juan Jacobo Rousseau

Has descubierto la forma
de abrazar el mar,
de atrapar escualos
en tu sueño marinero,
de encerrar los puertos
y el litoral
en tu barco de remos.

Has llegado hasta
el pólipo abismal,
al sol del cardumen mágico,
ligero
y al sonido mayor
prendido de tu oído de arena.

Has navegado del
horizonte de sal
a tu rivera concreta
y la distancia de mar a mar
está en tus pupilas abiertas.

SALTIMBANQUI

No sé dónde ni a quién
entregar mi amor y mi odio
o devolverlos al corazón
y medir su efecto
con el marcapasos,
hipotecarlos a un magnate
filántropo de auras sublimes,
equidistantes del ombligo.
Por si acaso,
no me da garantías
a corto plazo
me voy de saltimbanqui,
ofreciéndolos al peor postor,
jugándome el albur
con los desheredados de la tierra.

Cosecha de arrecifes

Quiero leer la página
de la declaración jurada
que dejé a medio terminar,
el libro recostado en mi entusiasmo
y según mi prestatario,
se ahogó en alta mar,
salvar las horas enfermas del día
gracias a la receta macrobiótica.

Quiero dejar el sello de la verdad
incrustado en mi lápida
antes del pésame tradicional,
comenzar el poema del ermitaño
que grita su martirio en soledad.

Mientras tanto,
quiero navegar tranquilo en baja mar
sobre mi cosecha de arrecifes.

RED Y PESCADOR

Pleamar de hombres
y cardumen,
donde ancla el pez
su paso de muerte
y el pescador,
sobre el dintel
de la corriente,
rellena sus brazos
de mar y coletazo.

Camina red y pescador
sobre el agua.
La ciega rebalsa la barca
y la jornada descansa
sobre el tornasol
de las escamas.

Luego se hunden,
en la noche litoral
hombres, cardumen
y barcazas.

BRUMA DE UN NUEVO HEMISFERIO

Si el mar se enajena o despereza,
la noche duerme entre ciruelos
y la luna redondea su extensa palidez,
estás mujer llena de mesiánica labranza.

Cuando las aves reclinan su vuelo,
el paisaje modela el ojo del viajero
y la estrella recrea nuevos firmamentos,
esta mujer contrapunto de la muerte,
ángel en celo.

Si la flor enciende miríadas de pétalos
y el beso une labios venideros,
estás mujer como bruma de un nuevo hemisferio.

CORAZÓN DE CRISTAL

Destilo violetas etéreas,
rasgo los pétalos del ensueño,
dibujo con impaciencia
    mis años y los dedos
cuando las nubes
se forran de inventos.
orque he visto en las noches abiertas
ojos incandescentes resbalar
    por medio cielo,
al hombre atónito
    entre la duda y el miedo,
en el mar las aguas rompen litorales
con su boca de inviernos,
en la ciudad el grito esquizofrénico
caer sobre el pavimento
y se hunden en su centenar de huesos.
Pero,
he comenzado a buscar
una estrofa de amor que una
himnos pasivos y violentos,

la mano universal que detenga
las batallas, los suicidios,
la carrera atómica sin freno,
y un corazón de cristal donde el hombre
pueda ver los ojos
de los hijos venideros.

ÓVULO PRIMIGENIO

… y fue el mar
testigo de la rosa
de tu sexo,
y en ti el mar
entre miríadas
de pétalos.
Todo sucedió
en silencio:
la garúa de sal
enredada en tus
cabellos,
tu edad corriente arriba
hacia el óvulo primigenio
y los dedos del asombro
teñidos de crepúsculo y fuego.

IV

Nocturno sin mar

SIGNOS FABULOSOS

Medimos el peso de la noche,
la sombra a deshoras,
el músculo ansioso
de poseer la forma.

Acariciamos la sensualidad
del silencio,
la ojera de la hora.

Desboronamos el metal
de la lengua dichosa,
el gemido alevoso,
frutal y desnudo.

Sentimos la longitud del sonido
de la ciudad incestuosa,
las dimensiones nocturnas
de órganos difusos
y el canto de las manos
donde se hinca el tacto
para dibujar signos fabulosos.

Ensueño del último violín

Si la noche te llega de costado,
muerde la sombra enredadera.
En cada dentellada
te punzará una estrella.
Escucharás el canto
de un ángel extraviado
sobre almas en pena.
Verás empinarse,
a duras penas,
el obelisco de la floresta,
sofocado por el cambio
climático del planeta,
y al ensueño del último violín
sobre una nueva Edad de Piedra.

ABEDUL

Siembra tu abedul en las esquinas
y la luna se mirará en su corteza.
Siémbralo despacio,
sopesando cada puñito de tierra
como si fuese el último
recogido del planeta.

Siembra su motivo blanco
en tu garganta,
su ojo metálico en el follaje.
Mira en su corteza
el sol de medianoche,
en el día la luna,
que de vez en cuando
anda desvelada.

Búscalo en los solares,
para que de tarde en tarde
juguemos a la ronda del abedul
tomados de las manos.

Adiós de barbicelo

A Lucía Alfaro Araya

Leía un libro
de portada azul nostálgico
entre planos rojos
y amarillos insospechados.
La pluma de un ave
servía de separador inevitable,
una tarde noche
de besos y reversos heridos
por renglones taciturnos,
sostenidos por epígrafes
de poetas muertos.
La pluma dejó de ser
aire, remo, abrigo,
murió sobre el delirio del poema
bajo la portada
de un cubismo azulado.
Tenía un color blanco garza
y el adiós petrificado
en sus barbicelos.

Pulpa de durazno

Déjame ser el de siempre:
intolerante con mis remordimientos,
compasivo con los temores
propios y ajenos.

Ese que hace del silencio
un arma punzocortante,
y esquizofrénico siente
el acecho cotidiano
de las esquinas,
el asedio repetitivo
y vocinglero de los noticieros.
El "pura vida" desnudo
en ancas de Rocinante,
lanza atravesada en la garganta,
implorando perdón a lo imperdonable.

Déjame de la mano
del exiliado
en un paso fronterizo,
donde el grillete de la noche pesa
mientras una mano extranjera
me da a saborear la pulpa del durazno.

PIES OBSTINADOS

Caminabas con una flor roja
en la boca
con aires quinceañeros
en tu semblante,
mientras dabas la bienvenida
a un ademán coreográfico.
Tu flor tenía sesgos de sol
en la corola,
la noche en su centro
y en el estambre
polen que levantaba vuelo.
Sé que de tanto rojo
la flor quedó en el suelo,
la pisaron pies obstinados,
para que la próxima tarde
arranques otra
y comience a morir
entre tus labios.

MI ÁNIMO

Oigo la flor
cuando está naciendo,
al rocío cuando parte
el firmamento
y a la noche
que atrapa
un hemisferio.

Es difícil oír tanto
silencio,
como si los sonidos
se anidarán en mi cuerpo
y mis tímpanos
en el ápice callado
de los elementos.

Ahora sólo quiero escuchar
mi corazón
y esta angustia que me nubla
el sentimiento
y se anida
en mi ánimo deshecho.

ÍMPETU EN FLOR

Cuántos atravesaron la noche
huyendo del caos hacia la nada
para darnos su ímpetu en flor.
Miles enmudecieron
tras "un tiro de gracia",
llenos de amor sobrehumano.

Cuántos profetas necesitará
la humanidad para su salvación
entre sus diásporas
y holocaustos.

ESTA NOCHE...

Esta noche la lluvia grita mi derrota,
el dolor es un abismo
entre el alma y el pecho.
Hoy no puedo recordar
y las fuerzas son escasas
para mantener el ánimo firme
frente a mi rostro asolado.
Esta noche las horas mesen la memoria
de un hombre muerto en medio del recuerdo.
El amor trata de volar,
liberar sentimientos encadenados.

DICIEMBRE Y ENERO

Las anchas tardes de diciembre
no caben en un mes tan angosto,
invaden los eneros con sus
dardos de luz
con su mesías medio envuelto,
medio ignorado.
Al límite del calendario
traslada la algarabía de toma y deme,
luego se refugia en sus parabienes
y reniega de sus parámales.

Diciembre cabecea su trasnoche.
Enero se presta para arrullar
a beodos y abstemios.

Ambos meses andan de la mano
maquillan sus ojeras
de gemelos heterocigotos.

EQUILIBRISTA

A las doce de la noche
miro el reloj,
todos duermen menos el poema.
Puertas adentro cuelga de un tendedero
donde aprendió la habilidad
de equilibrista.
Va de la cuerda floja a la tensa
con los pies descalzos para sentir
el filo de la altura
y el pálpito del asombro en sus rodillas.
A ratos el poema llora como un niño malcriado.
Se revela contra sí mismo,
da golpes bajos,
trata de incinerarse
con un soplo de brasas.
Miro la inquietud del segundero
mientras el poema me mantiene despierto.
No hay más remedio.
Él gana y seguiré haciendo el papel
de tonto útil a tiempo completo.

A MI MADRE

Cada rincón de la casa
quedó lleno de ti,
gracias a tu alma en flor
y a tu Dios que robó
tu corazón de MADRE.

Dejaste las angustias
en el credo de los mayores,
algún dolor de tu piel
en el agua bendita
traída y llevada por las tradiciones,
y tu verdad
en la piel y el alma de tus hijos.

Si te alejaste madre,
no te llevaste la noche
en el pliegue de tu almohada,
sólo sus ojos que te miran
y te hablan.

CÍNICO

Anoche me desveló el poema.
No es la primera vez
que sufro su insolencia
y se comporta como endemoniado.
Quiso sumergirme
en sus aguas madrugonas.
A él no le importó
si tenía frío o estaba descalzo
He ahí un cínico.
Para colmo de males,
esa noche,
oí el "canto de la paloma
de la muerte",
dedicado a una persona del vecindario.

El silencio

No sabía que el silencio
anda descalzo por las calles.
Lo escuché en las almohadillas
de los gatos desvelados,
una noche de julio
con lluvia a la espalda
y rayería a la deriva,
punzándome el oído y la pupila.

Tanto llevarlo y traerlo,
darle cobijo con mis ilusiones
y pesadillas,

El silencio se me escapa,
lo pierdo en el bullicio de la ciudad
donde lo asesinan.

HOMBRE

Avanza pequeño dios
vencedor del tiempo y del ocaso,
quiebra edades con tu maso
genético impávido,
sigue el rastro de tu caduca galaxia
desde tu ojo cósmico.
Tú oyes y traduces el lenguaje
de las estrellas,
rompes océanos a pesar
de las tempestades,
tajas la eternidad de la noche
convirtiendo la luna
en disco perforado.
Como al principio sigues
dando a luz en plena sombra,
ampliando la silueta azul de tu horizonte.

CANTO DE LAS MANOS

Medimos el peso de la noche,
la sombra a deshoras,
el músculo ansioso
de poseer la forma.
Acariciamos la sensualidad
del silencio,
la ojera manifiesta
de la hora.
Desmoronamos el metal
de la lengua dichosa,
su gemido alevoso,
frutal y desnudo.
Sentimos la longitud
de la ciudad incestuosa,
las dimensiones nocturnas
de órganos difusos
y el canto de las manos,
donde se hinca el tacto
hasta dibujar signos fabulosos.

PÁRPADO NOCTURNO

Sé que la noche
no cabe mi mano
y busco en las sombras
el párpado del cielo
entre la luz y el ocaso.

Pero abro la pupila
más allá de la cara
y la brisa punza
el nervio del alma,
el eco de las risas
irrita mi piel acongojada,
poniendo agujas en la garganta
y mi muerte traga a dentelladas
miles de flores blancas.

V

La geografía del viento

SOL Y ENREDADERA

Hoy las nubes formaron
figuras boca arriba.
El viento cinceló los tonos
naranja de la tarde
y la quietud hiló
las horas del ocaso.

Mi bolígrafo trastabilló
sobre el mosaico,
su caída libre partió
el crepúsculo en dos mitades,
mientras un colibrí libó
los néctares con habilidad de cirujano.

La tarde se me escapó
de la mano
y sólo retuve un puñado
de sol y enredadera.

Cuando la penumbra gravitaba
entre nubes y pájaros,
mi ánimo anocheció
con el último celaje.

Hojas amarillas

Esas hojas amarillas,
que sazona el tiempo,
vibran con un golpe de aire,
levantan vuelo,
rozan y alivian mis temores.

Las hojas reclaman su existencia,
cargadas de veranos y relámpagos.
Las cuelgo de troncos imaginarios,
forrados de trepadoras,
catleyas dowianas,
insectos que gravitan
gracias a la piel del viento.

Mis hojas amarillas zigzaguean
y antes de terminar su vuelo,
me saludan y duelen,
como si a los ángeles
se le desprendieran sus alas.

GOLPE CÓSMICO

Rompo los puntos
cardinales del viento,
la luz ocular
de las estrellas,
el estrecho circuito
de los planetas,
galaxias envueltas
en vientos de guerras
donde no cabe un credo
ni Dios hecho molécula.
Entonces, en mi pecho se clava
la estaca celeste del cielo.

SUEÑO TRANSEÚNTE

Sus pisadas se perdieron
en la noche del asfalto,
la huella quedó
en el sueño transeúnte.
¿Cuál pie calzó el zapatito
suspendido sobre la acera?
Puede que en la noche balbuceara
sonidos en su mágico viaje
de pie sobre el ensueño
o su edad le puso alas
para que alzara vuelo
de avenida a calle
como ave citadina.

De la zapatilla nada quedó.
Alguien levantó su huella
y la deslizó sobre el pretil del viento.

CUANDO SE OYE SUFRIR AL SILENCIO

Cada mañana el asombro es mi alimento,
el verbo se vuelve manso
y la huella dibuja su piel
en el paso de las épocas
y en el vendaval de los hechos.

Existo en el agua que lava
las tumbas y los cedros,
en el viento que lleva,
de un extremo a otro,
la hierba y el desierto,
cuando la tierra atrapa una estrella
o cuando se oye sufrir al silencio.

CARCAJADA OCEÁNICA

Salgo de este aire enfermo,
busco el mar
para mi pupila empapada
o una embarcación
que traslade a medio océano
mi razón enajenada.
Entro en la estría de la ola
donde florecen los tonos
de la arena,
mientras el litoral duerme
envuelto en la flora del planeta.
Ahí,
donde el alma abisal
aprendió a soplar
contra el sentido del agua,
lanzo mi libertad
para no anegarla
en la carcajada oceánica.

ÁNGEL COLÉRICO

Me llamas con tu
silbo insolente,
útil para guiar ganado
en medio despeñadero.
Acostumbras tu silbido
gomero mal formado,
que irrita el carácter
y me haces sudar
gotas amargas.
Por tu esquizofrenia crónica
vivo tendido en cruz,
intentando pedir misericordia
al tiempo,
o que un ángel,
tan sublime como colérico,
corte tu dedo índice
cómplice de mi tortura.

EN LA ARENA

Maldigo la luna
de mis sueños,
su sombra cabizbaja,
somnolienta,
las cimas del mar
que aplastan y revientan
las hilachas de mi cabellera.

Maldigo cuando nado
entre orillas ciegas
si dibujan mi muerte
en la arena.

La piel del viento

Siento la piel del viento,
su paso entre el tumulto urbano
y en sus malditos laberintos.

Duele si arranca de las ramas
el aliento de las hojas,
tragándose a dentelladas
la elasticidad de la sombra.

Sé de sus secretos
de transformación y vida
al traer las cimientes
de un extremo a otra floresta.

Cuentan los marineros,
que trastoca la voz del mar
en sollozo, canto, blasfemia,
en las tardes claroscuras,
en las noches maceradas
por el yunque de la tormenta.

Planetaria la piel del viento.
Humecta y teje:
las selvas y sus ciclos vitalicios,
la fauna y sus recursos inauditos,
la piel del hombre y su existencia.

Conjunción de idea y forma

Si el sonido del mar
cabe en el corazón de la caracola,
el viento en la vela más remota
y el canto de las olas
en el piar de las gaviotas,
el agua es un milagro
brotando de la nube o de la roca.
Si el verbo es un contínuum
de signos y sonidos,
la imagen una proyección
del color y de la forma
el vuelo el perfil del ala,
la invención es la síntesis
de la razón que la realidad deshoja.
Si el misterio resume
el lenguaje de las sombras,
la vida la eterna madurez
del génesis en la mórula,
el hombre vértigo del devenir
entre el óvulo y la cópula,
Dios es la conjunción
de la idea y la forma.

VI

El silencio vocifera

Espejismo

Te miré con disimulo,
agazapado en la estrechez
de mi paso
mientras el tuyo iba
en sentido contrario.
Volví el rostro para contemplarte
sensual y atractiva.
Tus ojos guardaban
secretos de alcoba
que ningún rincón
dejaste libre de pecado.

Mujer indescifrable
te invento a solas
inmerso en mi espejismo,
luego te busco
con irreflexiva insolencia.

JUEGO EN SOLITARIO

A veces el poema me sonríe
sin darme cuenta
y juega a las escondidas. Otras,
a regañadientes,
me llama la atención
inconforme y desconfiado,
me sumerge en su silencio
y en algún recodo
busque una palabra
o una idea que redondeé
su talle.
Luego,
Con un jalón de orejas
me manda a dialogar
con la hoja horas enteras.

NERUDA

Eterno canto sobre el mundo,
como ave sin fronteras.
Con tu pasión de poeta
arrullas el gozo
y denuncias la injusticia.

Voz de fuego sobre América.

NERUDA:
canto penetrante y profundo
en los socavones,
en los campos y favelas suburbanas.
Tu voz pausada y andina
de aires araucanos
revive la raíz latinoamericana.

ENSEÑO AL CORAZÓN...

Enseño al corazón a meditar,
agudizo su voz palpitante
y busco su desasosiego
en mi ir y venir insalvable.
Atrapo su sonido
en el poro insignificante
de mi carne.
Sé que busca, grita y maldice
al beber a cantaros mi sangre.

VOCES Y SILENCIOS

Mujer de eternos silencios.
Aprendiste del verbo su elástico latido,
de la sonrisa su rictus místico,
de la angustia el incierto devenir del sobresalto
y de la sombra su perfil escurridizo.

Así naciste sobre el tiempo
buscando el rumbo de tus manos,
hacinando vocablos en tu paladar de espadas.

Mujer,
cuando callan tus labios
el silencio vocifera tu grito frutal y desnudo.

VISIÓN

Arrincono astros,
la sombra de sus
magmas despoblados,
cosmos imposibles
en el tiempo elástico
de las eternidades,
el cántaro del espacio
con su alo elíptico,
helado,
cuando el universo
cabe en mi mano.

ESTALACTITA

Baja de la nube
la dimensión de la escarcha,
el mineral en su burbuja
penetra las oquedades,
vibra el interior calcáreo
del mármol en balaustrada,
cuando solloza el humo hacedor
de la pulpa y la sabia.

Gota a gota resuella
el golpe subterráneo y constructor
en el silencioso lecho de las
profundidades.

Séptimo sello

A Deykel Jimena Vargas Pereira

Recuerdas la voz lenta sobre el agua,
tal vez fue el tarareo tempranero del río
o el canto de un ángel desvelado
en el entresueño de la madrugada.

No importó la hora
ni el temor por la visión
a deshoras.

De la tierra surgían brazos
y manos crispadas
como sombras arañando aceras,
muros y brumas,
mientras un escalofrío impregnaba
la piel de los vivos.

¿A caso las almas atormentadas
bajaron al río para que su revenar
las purificara,

o la melodía penetró en el bosque
para unirse con el de las aves?

En tu alma quedó grabado,
cual séptimo sello, el canto del ángel
que lentamente se desvanecía con el alba.

CLAVE MUSICAL

Hablemos de lo tuyo,
de lo mío,
hoy que el verbo olvidó
su clásico sonido,
del resuello del mundo
y su cotidiano martirio.

Conversemos apartando
de las palabras
sus vocablos imprecisos,
dejando que el corazón
lleve a los oídos
la clave musical de su latido.

ARRAYANES Y PALMERAS

¡Qué grande es la lágrima
si vibra en el párpado
y palpita en el corazón
de la distancia.!
¡Qué inmensa es la amistad
cuando abraza
con solo la mirada!

Y digo esto,
porque habíamos caminado juntos
sin conocernos el rostro
ni las manos,
soñando lo mismo
a pesar de la niebla
sobre las distancias,
entonando canciones
sin saber que el eco
traspasaba montañas
y sin darnos cuenta
que habíamos plantado
arrayanes y palmeras
en nuestras almas.

ELEMENTO SORPRESA

Que bien.
Llueve como si un concierto
de inviernos
tronaran a la vez.
Quise extender el brazo,
acariciar sus gotas sagradas
de trópico profundo.

Me detuve,
de tres zancadas
subí al cuarto,
esperé que el frío se acercara
para envolverlo en la cobija verde
incineradora de almas
y cuerpos.

No subió.
Tuve que abrir la celosía.
En instantes
una cascada de aire
heló la cobija,
cuerpo y pensamiento.

SANGRE HERMANA

Graduarse de sifón,
esquirla o ballenero,
exige cohabitar
la entraña del disparate.
No falta un esquizofrénico
que reivindique su guerra,
dispare su arpón
en una esquina de Manhattan
y beba del sifón
sangre hermana.

ACERCA DEL AUTOR

Roberto Cartín Madriz (Turrialba, Costa Rica, 1946). Poeta, profesor pensionado, cofundador de la Filial Turrialbeña de la Asociación de Autores de Costa Rica. Publicaciones: *Poesía sobre poesía* (1974), *Grafito Interior I* (1981), *Grafito Interior II* (1982) y *Sobre el silencioso surco de la lágrima* (1989). Ha publicado en periódicos y revistas nacionales. Actualmente forma parte de Comunidad de Autores Literarios y Editores de Turrialba y del Colectivo Resonancia de Turrialba Literaria.

ÍNDICE

PIEL ADENTRO

Parte I: Grafitis vivos
Coexisto 15
Versos irreconciliables 16
Tortura planetaria 17
Contracorriente 18
Desazón enajenada 19
A medio ángel 20
Signos en las manos 21
Malas intenciones 22
Huellas de engaño 23
Muros del alma 24
Pared de abril 25

Parte II: UniVersos

Blanco desmayo 69

A dos voces 70

Dios en el desierto 71

Para dormir tranquilos 72

Volutas y café 73

Nuestro abrazo 74

Guitarra 75

Érase un tal vez 76

Pájaro de invierno 77

Flores para el jardinero 78

Solo entonces 79

De un solo tajo 80

Se puede escribir amando 81

Universo 82

Parte III: Piel adentro
Pupila inversa 31
La hebilla de tu pie 32
Mujer cotidiana 33
Modelo 34
Sueño marinero 35
Saltimbanqui 36
Cosecha de arrecifes 37
Red y pescador 38
Bruma de un nuevo hemisferio 39
Corazón de cristal 40
Óvulo primigenio 41

Parte IV: Nocturno sin mar
Signos fabulosos 49
Ensueño del último violín 50
Abedul 51
Adiós de barbicelo 52
Pulpa de durazno 53
Pies obstinados 54
Mi ánimo 55
Ímpetu en flor 56
Esta noche... 57
Diciembre y enero 58
Equilibrista 59
A mi madre 60
Cínico 61
El silencio 62
Hombre 63
Canto de las manos 64
Párpado nocturno 65

Parte V: La geografía del viento

Sol y enredadera 87

Hojas amarillas 88

Golpe cósmico 89

Sueño transeúnte 90

Cuando se oye sufrir al silencio 91

Carcajada oceánica 92

Ángel colérico 93

En la arena 94

La piel del viento 95

Conjunción de idea y forma 96

Parte VI: El silencio vocifera

Espejismo 97

Juego en solitario 98

Neruda 99

Enseño al corazón… 100

Voces y silencios 101

Visión 102

Estalactita 103

Séptimo sello 104

Clave musical 105

Arrayanes y palmeras 106

Elemento sorpresa 107

Sangre hermana 108

Acerca del autor 108

Fire's Journey
Tránsito de Fuego
Central American and Mexican Poetry Collection
Homage to Eunice Odio (Costa Rica)

1
41 meses en pausa
Rebeca Bolaños Cubillo (Costa Rica)

2
Lavinia
Fernando Salazar (México)

3
Luces
Marianela Tortós Albán (Costa Rica)

4
La voz que duerme entre las piedras
Luis Esteban Rodríguez Romero (Costa Rica)

5
Solo
César Angulo Navarro (Costa Rica)

6
Échele miel
Cristopher Montero Corrales (Costa Rica)

7
Trovador de parábolas
Maximiliano Cid Del Prado (México)

8
Profecía de los trenes y los almendros muertos
Marco Aguilar (Costa Rica)

9
El diablo vuelve a casa
Randall Roque (Costa Rica)

10
Intimidades / Intimacies
Odeth Osorio Orduña (México)

11
Sinfonía del ayer
Carlos Enrique Rivera Chacón (Costa Rica)

12
Tiro de gracia / Coup de Grace
Ulises Córdova (México)

13
Al olvido llama el puerto
Arnoldo Quirós Salazar (Costa Rica)

14
Vuelo unitario
Carlos Vázquez Segura (México)

15
Helechos en los poros
Carolina Campos (Costa Rica)

16
Cuando llueve sobre el hormiguero
Alelí Prada (Costa Rica)

17
Regresan los pájaros
Carlos Enrique Rivera Chacón (Costa Rica)

18
Oscura sal
Ulber Sánchez Ascencio (México)

19
Temporada de malas lenguas
Manuel Campos Umaña (Costa Rica)

20
Los trazos del viento
Clarita Solano (Costa Rica)

21
Peatón de tempestad
Carlos Gustavo Vargas (Costa Rica)

22
De cielos raros
Jassín Antuna (México)

23
Piel adentro
Roberto Cartín (Costa Rica)

24
Geomatria
Rumi Aurelio Antuna (México)

POETRY
COLLECTIONS

ADJOINING WALL
PARED CONTIGUA
Spaniard Poetry
Homage to María Victoria Atencia (Spain)

BARRACKS
CUARTEL
Poetry Awards
Homage to Clemencia Tariffa (Colombia)

CROSSING WATERS
CRUZANDO EL AGUA
Poetry in Translation (English to Spanish)
Homage to Sylvia Plath (United States)

DREAM EVE
VÍSPERA DEL SUEÑO
Hispanic American Poetry in USA
Homage to Aida Cartagena Portalatín (Dominican Republic)

FIRE'S JOURNEY
TRÁNSITO DE FUEGO
Central American and Mexican Poetry
Homage to Eunice Odio (Costa Rica)

INTO MY GARDEN
English Poetry
Homage to Emily Dickinson (United States)

I SURVIVE
SOBREVIVO
Social Poetry
Homage to Claribel Alegría (Nicaragua)

LIPS ON FIRE
LABIOS EN LLAMAS
Opera Prima
Homage to Lydia Dávila (Ecuador)

LIVE FIRE
VIVO FUEGO
Essential Ibero American Poetry
Homage to Concha Urquiza (Mexico)

FEVERISH MEMORY
MEMORIA DE LA FIEBRE
Feminist Poetry
Homage to Carilda Oliver Labra (Cuba)

REVERSE KINGDOM
REINO DEL REVÉS
Children's Poetry
Homage to María Elena Walsh (Argentina)

STONE OF MADNESS
PIEDRA DE LA LOCURA
Personal Anthologies
Homage to Julia de Burgos (Argentina)

TWENTY FURROWS
VEINTE SURCOS
Collective Works
Homage to Julia de Burgos (Puerto Rico)

VOICES PROJECT
PROYECTO VOCES
María Farazdel (Palitachi) (Dominican Republic)

WILD MUSEUM
MUSEO SALVAJE
Latino American Poetry
Homage to Olga Orozco (Argentina)

OTHER COLLECTIONS

Fiction
INCENDIARY
INCENDIARIO
Homage to Beatriz Guido (Argentina)

Children's Fiction
KNITTING THE ROUND
TEJER LA RONDA
Homage to Gabriela Mistral (Chile)

Drama
MOVING
MUDANZA
Homage to Elena Garro (Mexico)

Essay
SOUTH
SUR
Homage to Victoria Ocampo (Argentina)

Non-Fiction/Other Discourses
BREAK-UP
DESARTICULACIONES
Homage to Sylvia Molloy (Argentina)

Para los que piensan, como Eunice Odio, que *no habrá, en estas líneas la longitud de una pupila sola,* este libro se terminó de imprimir en el mes de agosto de 2024 en los Estados Unidos de América.

www.ingramcontent.com/pod-product-compliance
Lightning Source LLC
Chambersburg PA
CBHW031137090426
42738CB00008B/1123